Markus Pohl

Die Abteikirche von Saint-Denis:

Heiligengrab, Wallfahrtsort, Königsgrablege.

Zur politischen Bedeutung einer Kirche.

Bibliografische Information der Deutschen Nationalbibliothek:

Die Deutsche Nationalbibliothek verzeichnet diese Publikation in der Deutschen Nationalbibliografie; detaillierte bibliografische Daten sind im Internet über dnb.de abrufbar.

Verlag: BoD · Books on Demand GmbH, In de Tarpen 42, 22848 Norderstedt
Druck: Libri Plureos GmbH, Friedensallee 273, 22763 Hamburg

ISBN: 978-3-7583-3973-8

1. Kult und Politik an Gräbern

Der Tod und die Beerdigung können etwas Politisches sein. Dies ist auch im Jahr 2011 noch einmal deutlich geworden, als der letzte Kronprinz von Österreich-Ungarn, Otto von Habsburg, starb und in der traditionellen Grabstätte der Habsburger, der Kapuzinergruft in Wien, bestattet wurde und sein Herz in die Abtei Pannonhalma in Ungarn überführt wurde, beides unter großer Beteiligung der Bevölkerung, von Adel, Politik und Klerus, Traditionsverbänden und sogar dem österreichischen Bundesheer.

Eine wesentlich längere Tradition als die Kapuzinergruft in Wien als Königsgrablege der Habsburger (erst seit dem 17. Jahrhundert), hat die Abtei Saint-Denis im Norden von Paris als Bestattungsort der französischen Könige. Die Geschichte Frankreichs in seinen Höhen und Tiefen spiegelt sich im Umgang mit dieser Abtei, von der Gründung im 5. Jahrhundert über das Mittelalter bis zur französischen Revolution und Restauration bis in die Gegenwart.

Die Abtei Saint-Denis hat auch im ostwestfälischen Bereich eine besondere Bedeutung, denn die Reliquien des Heiligen Vitus, des jugendlichen Märtyrers des 3. Jahrhunderts, kamen von Saint-Denis im 9. Jahrhundert in die Abtei Corvey an der Weser und entfalteten von dort aus eine große Verehrung dieses Heiligen, in Ostwestfalen selbst (z.B. in Willebadessen) und darüber hinaus bis nach Prag (Veitsdom). Der Heilige Vitus wurde im Ostfränkischen Reich seit seiner Übertragung nach Corvey 836 zu den

Reichsheiligen der sächsischen Kaiser gezählt. Seine Übertragung aus Saint-Denis blieb in bleibender Erinnerung.[1]

Wie erklärt sich die politische Bedeutung der Königsgrablege von Saint-Denis und welche Folgen hat dies in der Vergangenheit gehabt? Was macht diese Abtei so einzigartig in ihrer Bedeutung und Faszination? Mit diesen Fragen soll sich in dieser Arbeit befasst werden.

In den letzten Jahren sind zur Bedeutung der Abtei in verschiedenen Epochen neuere deutschsprachige Werke erschienen. So beschäftigt sich die Arbeit von Leistenschneider besonders mit den Grabmalen des Mittelalters und Blunk mit denen der Frühen Neuzeit. Schmids umfangreiche Arbeit über das Scare Ludwigs XV. geht immer wieder am Rande auch auf Saint-Denis ein. In den vielfältigen Werken über die Merowinger und Bourbonen wird auch auf die Grablegen eingegangen.

2. Saint-Denis als historische Quelle

Die Abtei-Kirche von Saint-Denis ist einer der frühen Kirchenbauten im westfränkischen Bereich, die bei aller Veränderung und Zerstörung eine noch immer in kirchlicher Verwendung stehende Kirche ist. Sie markiert

---

[1] Johannes Flore u. Hans-Jürgen Brandt: Der Kirchen- und Stadtpatron St. Vitus. Heiliger Europas – Schützer der Heimat, in: Willebadessen gestern und heute. Beiträge zur Geschichte von Kloster, Stadt und Pfarrgemeinde aus Anlaß der Klostergründung vor 850 Jahren (Hg. Karl Hengst und Heinrich Müller), Paderborn 1999, S. 220-225.

den Begräbnisort des Hl. Dionysius und ist über viele Jahrhunderte französische Königsgrablege gewesen. Sie gilt als einer der ersten gotischen Kirchenbauten.

Primärquelle ist sie im heutigen Zustand vor allem und im strengsten Sinne für das Traditionsverständnis Ludwigs XVIII. in der Zeit der Restauration. Im weiteren Sinne auch für die Absichten Abts Suger in der Anfangszeit der Gotik, seiner Abtei wieder neue Bedeutung zu geben und für die Zeit der Monarchie als beständige Grablege.

3. Die Königsgrablege im Mittelalter

3.1 Der Heilige Dionysius – Zur Gründung der Abtei

Hoch über Paris, auf dem Montmartre, dem Berg der Märtyrer, steht die bekannte Kirche Sacre Coeur. Sie soll an dem Ort stehen, an dem der erste Bischof von Paris, der heilige Dionysius, das Martyrium erlitten hat.

Der „Legenda aurea" des Jacobus de Voragine nach starb Dionysius durch Enthauptung auf dem Montmartre, lief aber mit seinem Kopf unter dem Arm noch bis zum heutigen Ort Saint-Denis, um hier begraben zu werden.[2] Dionysius wurde nach dem Bericht des Gregor von Tours vom römischen Bischof Fabianus um 250 zusammen mit sechs anderen Bischöfen als Missionar nach Gallien geschickt und war vermutlich der erste Bischof des

---

[2] Voragine, Legenda Aurea, S. 354.

damals römischen Lutecia Parisiorum. Nachdem er dort zu predigen angefangen hatte, ordnete der römische Gouverneur seine Verhaftung an und ließ ihn enthaupten.[3]

Die Legende vermischte das Leben des ersten Bischofs von Paris mit dem gleichnamigen Dionysius Areopagita, von dem die Apostelgeschichte (17,34) berichtet, dass er nach der Predigt des Apostels Paulus in Athen als einer von wenigen den christlichen Glauben angenommen hatte.[4] So wurde aus zwei Heiligen des Namens Dionysius in der Verehrung ein einziger – durchaus nichts Singuläres in den Viten von Heiligen. Zudem verlieh es dem ersten Bischof von Paris eine hohe Autorität, als Apostelschüler zu gelten. Dionysius von Paris starb um das Jahr 250, die Reise des Apostels Paulus nach Athen ist um das Jahr 50 anzusiedeln. Dionysius wurde zum Stadtpatron von Paris und des Ortes Saint-Denis sowie zu einem Mitpatron Frankreichs.

Die heutige Abteikirche steht über einem gallo-romanischen Friedhof, der erste Kirchenbau ist wohl im 5. Jahrhundert entstanden; Gregor von Tours berichtet von einer Kirche in Saint-Denis. Dagobert I. stattete die Kirche in Saint-Denis im 7. Jahrhundert reich aus. In der Abteikirche fand 754 die Krönung Pippins des Jüngeren statt.[5] Beide Ereignisse unterstreichen die

---

[3] Kötting, Dionysius, Sp. 408.
[4] Droste-Hennings, Paris, S. 353.
[5] Fleckenstein, Saint-Denis , Sp. 140.

wichtige Bedeutung von Saint-Denis, das seit dem 7. Jahrhundert Benediktiner-Abtei war.

Saint-Denis hatte schon im frühen Mittelalter den Charakter einer nationalen Kultstätte als Grabstätte des Nationalheiligen Dionysius.[6]

3.2   Erste Königsgrablegen in Frankreich

Erste merowingische Königsgrablege war die Kirche der Heiligen Apostel, die spätere Kirche Sainte Geneviève in Paris, in der Chlodwig I. begraben wurde. Der geplante Neubau der Abteikirche unter Ludwig XV. ist heute als Pantheon in Paris bekannt.[7] Nach dem Grab Chlodwigs wurde verschiedentlich und vergeblich archäologisch gesucht.[8] Nachfolge-Grablege wurde die Abtei Saint-Vincent-Sainte-Croix in Paris, heute bekannt als Saint Germain de Prés, in der die merowingischen Herrscher von Childebert I. bis Childerich II., also in der Zeit von 558-629, begraben wurden.[9] Dagobert I. (+ 639) wurde als erster Herrscher in Saint-Denis bestattet.

---

[6] Blunk, Taktieren, S. 17.
[7] Droste-Hennings, Paris, S. 12.
[8] Becher, Chlodwig I., S. 269.
[9] Ewig, Merowinger, S. 95.

Auch Karl der Große hatte im Jahre 769 den Wunsch geäußert, in Saint-Denis begraben zu werden, wozu es dann ja aber nicht kam.[10] Die Karolinger hatten im Übrigen keine feste Grablege. Die nachfolgenden Ottonen wählten sich ihre Grabstätten ebenfalls individuell in Quedlinburg, Magdeburg, Rom, Aachen oder Bamberg.

Nach Chlodwig II. wurden in einer Zeit von etwa einhundert Jahren von den Merowingern auch andere Kirchen als Grabstätten gewählt.[11]

Erst mit Beginn der Zeit der Kapetinger bis ins 12. Jahrhundert war Saint-Denis unbestrittener Begräbnisort der merowingischen und französischen Herrscher, die Äbte von Saint-Denis hatten auch wichtige staatspolitische Bedeutung.

> Gerade weil der Brauch, die toten Herrscher Frankreichs in Saint-Denis zu begraben, den Führungsanspruch der Abtei verdeutlichte, wurde er von Seiten der Klosteroberen in den folgenden Jahrhunderten mit aller Macht und allen Mitteln gegen konkurrierende „Königsorte" wie die Kathedrale von Reims, in der das Sacre der französischen Könige … stattfand, verteidigt.[12]

Unangefochten war Saint-Denis als Grablege der Könige zu Beginn des 12. Jahrhunderts dann nicht mehr. Philipp I. (+1108) ließ sich in der Abtei Saint-

---

[10] Leistenschneider, Königsgrablege, S. 20
[11] Blunk, Taktieren, S. 28.
[12] Gersmann, Totenkult, S. 142.

Benoît-sur-Loire begraben.[13] Sein Grab ist auch als einziges in der französischen Revolution nicht zerstört worden.

3.3 Konkurrenz von den Zisterziensern – Zur Erneuerung unter Abt Suger

Mit dem Aufkommen der Zisterzienser als reformierte Benediktiner und der Unterstützung, die diese durch König Ludwig VII. (+ 1180) erfuhren, der die von ihm gegründete Zisterzienser Abtei Notre-Dame-de-Barbeau bei Fontainebleau auch als seinen Begräbnisort wählte,[14] musste Saint-Denis um seine weitere Bedeutung als Königsgrabstätte bangen.[15] Dies veranlasste Abt Suger von Saint-Denis (+1151), umfangreiche Erneuerungsarbeiten an der Klosterkirche zu beginnen, die dann auch dazu beitrugen, dass Saint-Denis weiterhin Grabstätte der Könige blieb. Ludwig VII. und seine Bestattung in Barbeau blieben aber eine Ausnahme. Als einziges erhaltenes Königsgrab neben dem Philipp I. wurde das von Ludwig VII. in der Zeit der Restauration geöffnet und sein Leichnam nach Saint-Denis überführt. Im 15. Jahrhundert wurde dann Ludwig XI. (+ 1483) ebenfalls außerhalb von Saint-Denis begraben, nämlich in Notre-Dame de Cléry bei Orléans.[16]

---

[13] Leistenschneider, S. 21.
[14] Ebd., S. 23.
[15] Droste-Hennings, Paris, S. 355.
[16] Leistenschneider, Königsgrablege, S. 23.

Ludwig VII. ließ sich in Barbeau ein prächtiges Grabmal errichten, wie man es in Saint-Denis zu dieser Zeit noch nicht kannte.[17]

Mit Abt Suger und seinen Plänen verbindet sich der Beginn der Gotik[18], denn in Saint-Denis finden sich nun mit Rosetten, großen Chor- und Seitenfenstern, einem Chorumgang, Spitzbögen, Kreuzrippengewölben und drei Portalen, die ins Innere des Kirchenbaus führen, typische Elemente der Gotik, obschon auch die Romanik noch im Kirchenbau zu erkennen ist. Diese neuen Bauelemente und die Höhe der Gewölbe geben der Basilika etwas Lichterfülltes und nach oben, zum Himmel strebendes, wie es für die Gotik typisch ist.

Allerdings ist der Begriff „Gotik" ja erst im Nachhinein ein vom italienischen Kunsthistoriker Giorgio Vasari (+1574) geprägter Begriff, der mit „gotisch" etwas Barbarisches meinte, im Gegensatz zur beginnenden Renaissance.

Von außen gesehen mach Saint-Denis mit den Zinnen an der Westseite teils noch einen sehr wehrhaften Eindruck. Der auffällig fehlende Nordturm wurde erst im 19. Jahrhundert nach massiven Schäden infolge eines Blitzeinschlags abgetragen. Auf die Zeit Sugers gehen die Westfassade und der Chor der Abteikirche zurück. In seiner Zeit bestand das karolingische Langhaus noch fort. Dieses wurde erst unter Ludwig IX. dem neuen

---

[17] Blunk, Taktieren, S. 32.
[18] Ebd., S. 353.

gotischen Stile angepasst und neu errichtet.[19] Die Weihe der erneuerten Basilika fand im Jahre 1281 statt.[20]

In der Basilika fanden im Laufe der Zeit 42 Könige, 32 Königinnen, 63 Prinzen und Prinzessinnen ihre Grabstätte.[21]

3.4   Ludwig der Heilige als Vollender

Die Erneuerung von Saint-Denis im gotischen Stil fand mit der Errichtung des neuen gotischen Langhauses unter Ludwig IX. ihre Vollendung.[22]

Unter seiner Herrschaft wurden auch seinen Vorfahren in Saint-Denis einheitliche Grabdenkmäler errichtet, wohl um „die bis dato vor Ort bestatteten Merowinger-, Karolinger und Kapetingerkönige in einen gemeinsamen genealogischen Zusammenhang" mit Ludwig IX. zu stellen und dieser Kontinuität des Königtums Ausdruck zu verleihen.[23]

Als erstes monumentales Grabmal wurde von 1244-1248 das König Dagoberts I. rechts neben dem Hauptaltar errichtet, dem damit eine besondere Verehrung als quasi Kirchenstifter zu Teil wurde.[24]

---

[19] Droste-Hennings, Paris, S. 354.
[20] Ebd., S. 356.
[21] Leistenschneider, Königsgrablege, S. 24.
[22] Ebd., S. 354.
[23] Blunk, Taktieren, S. 16.
[24] Blunk, Taktieren, S. 33.

Ludwig IX., ein Förderer der aufkommenden Bettelorden und heute Mitpatron des Franziskaner Ordens, fand 1270 auf einem Kreuzzug seinen Tod vor Tunis. Seine sterblichen Überreste wurden nach Saint-Denis überführt, seine Organe brachte Karl von Anjou nach Sizilien und ließ sie in der Kathedrale von Monreale bestatten.[25]

Nach Ludwigs Heiligsprechung 1297 fand die Erhebung seiner Reliquien statt, die nun in einem Reliquiar in Saint-Denis, sowie in der von ihm selbst in Auftrag gegebenen Sainte Chapelle und später auch in Notre Dame in Paris ruhten, aber allesamt in der französischen Revolution verloren gingen. Einzig die Reliquien aus Monreale, die nach dem Verlust des bourbonischen Königtums über Sizilien eine Reise durch das halbe Europa antraten, blieben erhalten und fanden 1890 in Französisch-Nordafrika in der neuerbauten Kathedrale von Karthago[26] eine kurzzeitige neue Heimat, bis sie nach der Aufhebung der Kathedrale 1964 dann in die Sainte Chapelle in Paris kamen.

An der Überführung Ludwigs von Tunis nach Paris sieht man die besondere Bedeutung von Saint-Denis als Königsgrablege, an der späteren Überführung der Organreliquien in eine französische Kolonie die

---

[25] Hofmann, Ludwig IX., Sp. 1190.
[26] http://www.tunesieninformationen.de/plaintext/uebersicht/tunis/kathedrale-von-karthago/index.htm, aufgerufen am 20.12.2011.

Bedeutung des Heiligen Ludwigs im politischen Bereich, mit dem wohl ein Besitzanspruch auf Nordafrika manifestiert werden sollte.

In der Zeit seit Ludwig IX. ist die Abteikirche von Saint-Denis Inbegriff des französischen Königtums als Bestattungsort seiner Herrscher, Aufbewahrungsort der Kroninsignien und der französischen Kriegsfahne, der Oriflamme.[27]

Die Grabdenkmäler der frühen Könige wurden unter Ludwig IX. neugeschaffen. Es setzte sich nun ein Typus der liegenden Steinfigur durch. Mit der Zeit der Renaissance wurden die Grabmäler zunehmend prächtiger, die Gesichts-darstellungen trugen seit dem auch individuelle Züge. Kurioserweise existieren von Katharina de Medici gleich zwei Denkmäler. Im Barock wurden statt liegender Figuren dann knieende Darstellungen bevorzugt. Den Zerstörungen in der Revolution entgingen nur die Grabdenkmäler, die zuvor von dem Architekten Alexander Lenoir in einem Depot in Sicherheit gebracht wurden.[28]

---

[27] Droste-Hennings, Paris, S. 354.
[28] Droste-Hennings, Paris, S. 354 f.

4. Saint-Denis in der Frühen Neuzeit

4.1   Eine Grablege in Paris – Ludwig XIV. und der Dôme des Invalides

Ludwig XIII. verfügte, dass zwar sein Leichnam in Saint-Denis beigesetzt werden sollte, aber seine Eingeweide sollten im neuen Hauptaltar von Notre-Dame in Paris bestattet werden. Ferner verfügte er, dass sein Herz in der neuen Jesuitenkirche in Paris, Saint-Paul-Saint-Louis, beigesetzt werden sollte. Ohne mit der Tradition von Saint-Denis zu brechen, betraute Ludwig XIII. nun zwei andere Kirchen der Hauptstadt mit der Funktion als Memorialkirchen.[29]

Von der Errichtung eines Grabmals für seinen Vater, Heinrich IV., in Saint-Denis sah Ludwig XIII. nach anfänglichen Planungen ab. Stattdessen wurde Heinrich IV. ein Reiterdenkmal auf dem Pont Neuf errichtet und sein Herz feierlich in der Jesuitenkirche von La Flèche bestattet.[30]

Seinem Vorgänger Ludwig XI. ließ er in Cléry ein neues prächtiges Grabmal errichten, da das ursprüngliche von den Hugenotten zerstört worden war.

Die für Heinrich II. nach 1560 errichtete sog. Valoiskapelle, die an das nördliche Schiff von Saint-Denis angrenzte, wurde 1719 wieder abgetragen.

---

[29] Blunk, Taktieren, S. 346 ff.
[30] Ebd., S 302.

Saint-Denis wurde in der *Fronde* in 1652 in Mitleidenschaft gezogen. Ludwig XIV. verfügte, dass seine Eingeweide und sein Herz (wie bei Ludwig XIII.) in Notre-Dame und Saint-Paul-Saint-Louis begraben werden sollten, was auch geschah.[31]

Ludwig XIV. trug sich zu Beginn seiner Regierungszeit mit dem Gedanken, eine neue Grabkapelle der Bourbonen an den Ostchor von Saint-Denis anzubauen, als Pendant zur Kapelle der Valois. Beauftragt wurde damit u.a. der italienische Architekt Bernini. Aus unbekannten Gründen wurde dieser Plan verworfen.[32]

Stattdessen wurde der Bau einer Grabkirche am Hotel des Invalides in Angriff genommen, die Ludwig XIV. als Grablege für sich und seine Nachfolger plante. Ludwig XIV. hätte damit auffallend mit der Tradition von Saint-Denis gebrochen und sich als Beginn einer neuen Tradition gesehen.

> Mit dem Körper im Invalidendom, dem Herzen in Saint-Louis-des-Jésuites und den Eingeweiden in Notre-Dame hätte die posthume Inszenierung der sterblichen Überreste Ludwigs XIV. die wohl drei bedeutendsten Pariser Kirchen der Zeit bespielt und der König sich

---

[31] Die separate Bestattung der Herzen ist auch bei anderen Herrscherhäusern bekannt, so bei den Wittelsbachern in Altötting und den Habsburgern in der Augustinerkirche in Wien oder in Muri/Schweiz.
[32] Blunk, Taktieren, S. 357 ff.

noch im Tode eines bislang unerreichten Grades öffentlicher Visibilität und klerikaler Fürbitte versichert.[33]

Schließlich wurde Ludwig XIV. aber doch in Saint-Denis begraben. Er erhielt kein auffallendes Grabdenkmal, wurde in der Krypta bestattet und erst Napoleon I. fand sein Grab im Dôme des Invalides.

4.2 Von Verehrung zu Hass – Die Verwüstungen der französischen Revolution

Die besondere staatspolitische Bedeutung der Abteikirche von Saint-Denis zeigte sich dann auch in der französischen Revolution. Wurden zwar vielfältig und quasi flächendeckend in ganz Frankreich Kirchen und Klöster geplündert und zerstört, zeigte sich der Hass der Revolutionäre auf das Königtum in Saint-Denis doch auf besondere Weise.[34] Nach einem Erlass der Regierung wurde zum einen das Dach der Abteikirche abgedeckt, um deren Zerstörung durch Witterungseinflüsse zu beschleunigen, zum anderen wurden die Gräber systematisch geöffnet, geplündert und die Leichname der Herrscher geschändet. Gersmann nennt die Vorgänge der

---

[33] Ebd., S. 377.
[34] Interessanterweise wurde schon 1787 (!) von einem Architekten namens Labrière die Entfernung der Königsgräber aus Saint-Denis und deren Begräbnis auf einem zentralen Friedhof gefordert (Gersmann, Totenkult, S. 144).

Plünderung und Verwüstung „eine beispiellose Raserei"[35] und eine „kollektive Gewaltorgie".[36]

Nachdem im August 1792 die Statuen Ludwigs XIV. und Ludwigs XV. in Paris vom Sockel gerissen und im Januar 1793 Ludwig XVI. enthauptet worden war, wurde nun auch den toten Königen Gewalt angetan. In der Zeit vom 12. bis 25. Oktober 1793 sollte in Saint-Denis jegliche Erinnerung an die über tausendjährige monarchische Tradition endgültig getilgt werden.

Chateuabriand berichtet über diese Zeit wie folgt:

> Man sah einst in der Nähe von Paris Gräber, die berühmt waren unter den Gräbern der Menschen. Die Fremden stürmten scharenweise herbei, um die Wunder von Saint-Denis zu besuchen. Dort schöpften sie eine tiefe Verehrung und Achtung vor Frankreich und sprachen beim Weggehen, wie der heilige Gregor bei sich selbst: Dieses Reich ist in der Tat das größte unter den Nationen. Aber es hat sich ein Sturm des Zorns erhoben gegen das Gebäude des Todes; die Wogen der Völker gingen darüber… Saint-Denis ist verödet; der Vogel fliegt dort aus und ein; das Gras wächst auf seinen zerbrochenen Altären, und statt der Totengesänge, die unter seinen Hallen ertönten, hört man nur noch die Regentropfen, die durch sein offenes Dach fallen.[37]

---

[35] Gersmann, Totenkult, S. 140.
[36] Ebd., S. 145.
[37] Chateaubriand, Christentum, S. 553 u. 555.

Leistenschneider fasst diese Ereignisse der Revolution wie folgt zusammen:

> Bereits wenige Tage später (d.h. nach dem 1. August 1793) schritten Vertreter des Konvents, begleitet von einer großen Zahl herbeigeströmter Schaulustiger, zur Tat. Sämtliche Grabmäler und Grabplatten aus Metall wurden eingeschmolzen und viele der Marmor- und Steindenkmäler zerschlagen. … Richtete sich diese erste Welle systematischer Zerstörungen noch alleine gegen die künstlerischen Manifestationen der verhassten Monarchie, so wandte man sich zwei Monate später auch der physischen Person des Herrschers zu: Drei Tage dauerte das makabre Schauspiel, bei dem in Saint-Denis die Leichname der Könige, Königinnen und anderer hochrangiger Personen aus ihren Särgen gezerrt, zur Schau gestellt und in ein Massengrab auf dem freien Feld nördlich der Abtei geworfen wurden.[38]

Um auch den Gedanken an die Königsgrablege von Saint-Denis zu tilgen, wurde die Stadt in *Franciade* umbenannt.

Napoleon erhob mit Dekret vom 19. Februar 1806 die Kirche von Saint-Denis zum künftigen Begräbnisort der Dynastie Bonaparte.[39] Napoleon war sich also durchaus der tiefen Symbolkraft der Kirche von Saint-Denis bewusst. Freilich kam es anders, und er selbst fand 1840 im Invalidendom in Paris seine Ruhestätte, sein Sohn daselbst erst 1940 und Napoleon III. liegt

---

[38] Leistenschneider, Königsgrablege, S.11.
[39] Gersmann, Totenkult, S. 147.

im englischen Exil, in der Krypta der Sankt-Michaels-Abtei in Farnborough,
Hampshire, begraben.

4.3 Gräber und Thron wieder in Besitz nehmen – Die Restauration

So wie Saint-Denis für die Revolutionäre als Symbol des Königtums Ziel
ihrer Zerstörung wurde, so wurde es in der Zeit des wiederhergestellten
bourbonischen Königtums nach 1815 auch Objekt umfänglicher
Erneuerungsarbeiten.

Für Ludwig XVIII. hatte die Überführung seines Bruders Ludwig XVI. eine
hochpolitische Bedeutung. Diese Überführung wurde von Teilen der
französischen Öffentlichkeit als Provokation empfunden, da sie alte
Wunden wieder aufreißen konnte. Aber Ludwig XVIII. wollte offensichtlich
die Abteikirche von Saint-Denis als königliches Memorial symbolisch
wieder in Besitz nehmen. Die würdige Beerdigung seines Vorgängers
gehört zum Ritual der eigenen Herrschaftsübernahme („Le roi est mort,
vive le roi!"[40]). „Tod und öffentlich zelebrierte Grablegung des alten Königs
hatten … stets eine zentrale Voraussetzung für den Machtantritt des neuen
Königs gebildet."[41] Nach Chateaubriand hätten die französischen Könige

---

[40] Ebd., S. 143.
[41] Gersmann, Totenkult , S. 156.

nach zwanzigjährigem Schlaf der Monarchie mit ihren Gräbern nun gleichzeitig auch Ihren Thron in Besitz genommen.[42]

Die Kirche selbst wurde renoviert, die erhaltenen Grabmäler wieder aufgestellt und die Gruben, in denen die Leichname der Könige und Königinnen ihre unwürdige Ruhestätte hatten, im Januar 1817 wieder gesucht, geöffnet und die Leichname in der Krypta der Kirche in zwei großen Sammelgräbern bestattet.

In der Zeit der Restauration wurde Ludwig VII. nach Saint-Denis überführt und die Gräber von Ludwig XVI. und Marie Antoinette auf dem Friedhof Madeleine in Paris ebenfalls gesucht und geöffnet und im Januar 1815 in einem feierlichen Staatsbegräbnis nach Saint-Denis überführt. Das Königspaar erhielt im Seitenschiff der Abteikirche, am Ort, wo früher die Oriflamme aufbewahrt wurde, zwei knieende Darstellungen als Kenotaphe. Ihre Gräber befinden sich im Mittelpunkt der Krypta.

Ludwig XVIII. entschied sich also bewusst für die Erneuerung von Saint-Denis und nicht etwa für den Dôme des Invalides, den er ja auch zur Grabeskirche für Ludwig XVI. und dessen Gemahlin hätte erwählen können in der ursprünglichen Intention Ludwigs XIV. Mit der Wiederherstellung von Saint-Denis zeigte Ludwig XVIII., in welcher Tradition er das wiederhergestellte Königtum sehen wollte.

---

[42] Ebd., S. 158.

Auf dem Madeleine-Friedhof in Paris wurde als Erinnerungsstätte an die Gräber von Ludwig XVI. und Marie Antoinette 1816-1821 die Chapelle de Expiatoire errichtet.[43] Das Grundstück des Madeleine-Friedhofs wurde schon 1802 von Pierre Louis Descloseaux, einem überzeugten Gegenrevolutionär, erworben und bepflanzt, über den Gräbern des Königspaares jeweils ein Kreuz errichtet.[44] Ludwig XVIII. ließ dann die Sühnekapelle errichten, in der auch heute am Todestag Ludwigs XVI. am 21. Januar seiner gedacht wird. Die Überführung nach Saint-Denis 1815 begann mit der Grundsteinlegung zu dieser Sühnekapelle. Als Ort des Gedenkens an das hingerichtete Königspaar war die Chapelle de Expiatoire nicht unumstritten. In der Zeit der *Commune* (1871) gab es Bestrebungen, diese Kapelle abzureißen.[45]

Auch andere Mitglieder der Königsfamilie, die im Exil gestorben waren, wurden nach Saint-Denis überführt, so zwei Töchter Ludwigs XV.[46]

Schon 1814 begann man damit, auf Veranlassung Ludwigs XVIII. im ganzen Land Sühnemessen und Gedenkgottesdienste für die Revolutionstoten zu zelebrieren.[47] Die besondere Verbreitung der Verehrung des Heiligsten

---

[43] Droste-Hennings, Paris, S. 310 f.
[44] Gersmann, Totenkult, S. 150.
Die Publikation eines illustrierten Führers des Madeleine-Friedhofes wurde Descloseaux 1810 noch von den Napoleonischen Behörden untersagt.
[45] Hesse, Revolutionsopfer, S. 198.
[46] Gersmann, Totenkult, S. 148.
[47] Ebd., S. 148.

Herz Jesu (Sacre Coeur) mit seinem Sühnegedanken im nach-revolutionären Frankreich ist wohl auch eine Folge.

> Obwohl sie (die Herz Jesu Verehrung, M.P.) alte Wurzeln hat und bereits nach dem Konzil von Trient im 16./17. Jahrhundert ihre erste Blüte erlebt hatte, gewann die im 19. Jahrhundert vor allem von den Jesuiten propagierte Herz-Jesu-Verehrung an Bedeutung. Die Anfänge der neuen Blüte lagen wiederum in Frankreich. Das verwundete Herz Jesu, Symbol für die liebende Selbsthingabe Jesu, ließ sich im übertragenen Sinn auch als Verletzung der innersten christlich-katholischen Glaubensmitte durch Freimaurertum, Aufklärung, Liberalismus und Protestantismus deuten. Eine solche Interpretation kam wohl der antimodernen Haltung weiter katholischer Kreise nicht ungelegen.[48]

Zu den aufgeführten „Verletzungen" kann man im Frankreich des 19. Jahrhunderts gewiss die Verletzung des Glaubens durch die Revolution mit ihren Zerstörungen und Morden hinzufügen. Dazu meint Hesse:

> Wie es dem gläubigen Christen als Einzelperson gebührt, muß die Nation vor Gott und den Mitmenschen bußfertig ein Verbrechen bekennen, das in dem „Königsmord" von 1793 kulminiert. Zugleich wird der Nation in der Verehrung der Opfer ein Weg gewiesen, diese Schuld zu sühnen.[49]

---

[48] Stephan Morky: Frömmigkeitsphänomene zur Zeit König Ludwigs II. von Bayern, in: Götterdämmerung. König Ludwig II. und seine Zeit, Augsburg 2011, S. 131.
[49] Hesse, Revolutionsopfer, S. 201.

Ludwig XVIII. und der Sohn Ludwigs XVI., der von seiner Mutter Marie Antoinette nach der Hinrichtung Ludwigs XVI.[50] als auch in royalistischen Kreisen als Ludwig XVII. gezählt wird, fanden ebenfalls ihre Grabstätte in Saint-Denis sowie auch, wie oben erwähnt, Ludwig VII. Allerdings wurde das Herz Ludwigs XVII. erst nach eingehenden Untersuchungen im Jahre 2004 in Saint-Denis beigesetzt, der Verbleib der übrigen Gebeine ist strittig.[51]

Als der Nachfolger Ludwigs XVIII., dessen Bruder Karl X., 1836 im Exil im damals österreichischen, heute italienischen, Görz starb, wurde auch dessen Tod noch zum Politikum.

> Als die Nachricht vom Tod Karls X. Paris erreichte, untersagte die Regierung jegliche Trauergottesdienste zum Gedenken an den verstorbenen Bourbonen. Den legitimistischen Zeitungen wurde jedoch gestattet, Ausgaben mit Trauerflor erscheinen zu lassen.[52]

Karl X. fand im Kloster Kostanjevica im heute slowenischen Teil von Görz seine Grabstätte. Dort fand auch Karls Sohn, der als Ludwig XIX. betitelt wird, 1844 sein Begräbnis.

---

[50] Malettke, Bourbonen, Bd. II, S. 269: „Als Marie Antoinette am Vormittag des 21. Januar 1793 die Salutschüsse und die Vivatrufe hörte, die zum *Temple* drangen, kniete sie vor dem jungen Dauphin nieder und begrüßte ihn als König Ludwig XVII."
[51] Gersmann, Totenkult, S. 157.
[52] Malettke, Bourbonen, Bd. III, S. 130.

5. Politische Bedeutung bis heute

5.1 Saint-Denis im Werk „Sire" von Jean Raspail

Der französische Schriftsteller Jean Raspail hat in seinem 1991 erschienenen Roman „Sire" eindrucksvoll über die Bedeutung der verschiedenen Traditionen des französischen Königtums, besonders die feierliche Königssalbung, das „Sacre", geschrieben. Die fiktive Handlung erzählt von der heimlichen Salbung eines Bourbonen Prinzen zum König in der Kathedrale von Reims im Jahre 1999 nach dem alten Ritual des „Sacre".

Raspail gilt als politisch- und katholisch-konservativ und royalistisch, eine in Frankreich nicht selten anzutreffende Verbindung. So steht das Werk „Sire" für eine Richtung im politischen Frankreich.

Der Mainzer Historiker Josef Johannes Schmid stellt im Vorwort zur deutschen Ausgabe des „Sire" das Werk Raspails in Verbindung zum 1924 entstandenen Werk *"Les rois thaumaturges: Étude sur le caractère surnaturel attribué à la puissance royale particulièrement en France et en Angleterre"* (dt. „Die thaumaturgischen Könige") des Straßburger Historikers Marc Bloch:

> In genau dieser Grundgegenüberstellung der diametralen Gegensätze zwischen Bloch´scher und heilsgeschichtlicher Antwort liegt der Antagonismus, welcher das Buch Raspails im Tiefsten beherrscht: das Aufbrechen scheinbar akzeptierter Übereinkommen, die unmittelbare Konfrontation mit dem Einbruch des Göttlichen, die oft auch stilisierte und überzeichnete Gegenüberstellung der Lebenswelten. Wie Bloch die Auseinandersetzung mit der französischen Monarchie in der aktuellen Politik seiner Tage zum Vehikel einer weit darüber hinaus

gehenden philosophischen Grundaussage machte, so hält Raspail am gleichen Beispiel der modernen Gesellschaft und ihrer drängenden Sinnfragen den Spiegel der Jahrhunderte vor: den oftmals idealisierten der christlichen Welt des Mittelalters, den sehr realistisch, wiewohl mitunter drastisch überzeichneten des modernen staatlichen und individuellen Nihilismus. Über alle historischen Freiheiten hinweg – und davon hat das Buch eine ganze Reihe aufzuweisen! – gelingt so eine subtile Abrechnung mit jenem Phänomen, das Papst Benedikt XVI. als „Diktatur des Relativismus" bezeichnete.[53]

Raspail beschreibt in „Sire" die Plünderungen der Königsgräber in Saint-Denis im zweiten Kapitel über zehn Seiten[54] wie auch die Beisetzung des hingerichteten Ludwig XVI., seiner Frau Marie Antoinette[55] sowie die Auffindung der Gräber im Jahre 1815.[56] Ebenso wird die Überführung der Gebeine Ludwigs XVI. und Marie Antoinettes nach Saint-Denis und die Wiederbestattung der Königinnen und Könige, Prinzessinnen und Prinzen, die nach den Plünderungen in einem Massengrab bei der Basilika von

---

[53] Raspail, Sire, S. 12 f.
[54] Ebd., S. 42-52.
[55] Ebd., S. 179.: „(Man) warf… die Leiche (Ludwigs XVI.) in den Graben, auf eine Lagerstatt aus ungelöschtem Kalk, mit nicht mehr Respekt als für irgendwelchen Abfall, und den Kopf wie einen Ball hinterher. Dann schaufelte man über dieses entsetzliche Lager eine dicke Decke aus ungelöschtem Kalk, unter der der unglückselige König und auch der Anblick seines Leibes endlich aus den Augen der Vertreter der Nation verschwanden, die nun essen gehen konnten."
[56] Ebd., S. 178-181.

Saint-Denis verscharrt worden waren, in zwei großen Sammelgräbern beschrieben.[57]

Raspail setzt in seinem Roman die idealistische Vorstellung eines sakralen Königtums einer – in seiner Sicht – verdorbenen, gewalttätigen modernen Welt gegenüber. Seine Beschreibungen der Zerstörungen in Saint-Denis oder der Heiligen Ampulle in der französischen Revolution beleuchten die andere Seite dieser Revolution. Raspail, so wird es auch im Vorwort zur deutschen Ausgabe des „Sire" von Josef Johannes Schmid deutlich benannt, ist ein Vertreter der monarchistischen Rechten Frankreichs:

> Zwar vermochten die Schützengräben es Ersten Weltkrieges die Nation oberflächlich zu einen, doch blieben die Grundansätze der alten Antagonismen bestehen. Der laizistische Saat tat – und tut bis heute – alles, kirchlich-monarchische Prärogativen in die Schranken zu verweisen, während das monarchistische Kampfbündnis der „Action Française" unter der Führung des Atheisten Charles Maurras in den 1920er und 1930er Jahren nachhaltig für deren Beachtung kämpfte.[58]

Raspails Roman ist somit auch Ausdruck für eine gar nicht so seltene royalistische Gesinnung in Frankreich, der immerhin drei Auflagen in Frankreich mit 100.000 Exemplaren erreichte.[59]

---

[57] Ebd., S. 180-185.
[58] Raspail, Sire, S. 11.
[59] http://www.novaetvetera.de/nova/nova_32.html, aufgerufen am 17.12.2011.

5.2 Royalismus in Politik und Kirche Frankreichs

Die Französische Revolution ist in Frankreich bis heute kein Ereignis ausschließlich der Vergangenheit, sondern die Erinnerung daran spaltet immer wieder auch in der Gegenwart.

Der Royalismus gehörte zum Beispiel zur Programmatik der „Action Française" in den 20er Jahren des 20. Jahrhunderts. Ernst Nolte schreibt in seinem Standardwerk „Der Faschismus in seiner Epoche" über die Action Française und deren Bezüge zur Monarchie:

> Offensichtlich würde der neue Nationalismus erst dann vollendet, „integral" sein, wenn er sich vollständig von den Ideen der französischen Revolution gelöst hätte. Der eigentliche Gegenbegriff gegen die Revolution war aber in Frankreich seit der Hinrichtung Ludwigs XVI. die Monarchie (und nicht das Kaiserreich, das als plebiszitäre Demokratie verstanden wurde). Erst ein monarchistischer Nationalismus wäre also ein integraler, das heißt antirevolutionärer, aber gerade deshalb nicht im üblichen Sinne konservativer Nationalismus.[60]

Traditionen der Action Française leben – bei aller Unterschiedlichkeit – auch im heutigen „Front National" fort, in dem sich sowohl royalistische wie republikanische, katholisch-traditionelle Strömungen wie auch massive Vertreter der Trennung von Kirche und Staat (und heute auch Islam und Staat) finden.

---

[60] Nolte, Faschismus, S. 105.

Auch in kirchlichen Strömungen, die in gewisser Traditionslinie zum Gallikanismus stehen, wie die von Erzbischof Marcel Lefebvre und der von ihm gegründeten traditionalistischen Priesterbruderschaft St. Pius X., gibt es deutliche royalistische Tendenzen.

So schreibt Marcel Lefebvre (+ 1991) in seinem 1988 in Deutsch erschienenen Werk „Sie haben Ihn entthront":

> Im Übrigen sprechen die Tatsachen für sich selbst: Was die französische Monarchie nicht fertig brachte, hat die Demokratie ins Werk gesetzt: fünf blutige Revolutionen (1789, 1830, 1848, 1870, 1945), vier Invasionen von außen (1815, 1870, 1914, 1940), zweimalige Ausplünderung der Kirche, Verbot der Orden, Abschaffung der katholischen Schule und Laizisierung der Institutionen (1789 und 1901) usw. [61]

Auch andere traditionalistische katholische Bewegungen, die in Frankreich ihren Ursprung haben und dort wesentlich weiter verbreitet sind als etwa in Deutschland, sind Ausdruck dieser antirevolutionären Sicht und royalistischer Verbundenheit. So finden sich bei den kirchlichen Vereinigungen, die die alte tridentinische Form des Messritus feiern, gerne Paramente mit der französischen Königslilie (Fleur de Lys) oder Trikoloren mit dem Herz Jesu Symbol in der Mitte. Im Wappen des traditionellen *Institut du Christ-Roi Souverain Prêtre* findet sich etwa auch die Fleur de Lys. Auch wird man die besondere Vorliebe im traditionellen Katholizismus für

---

[61] Lefebvre, Entthront, S. 50.

die Symbolik des *Christus König* als eine gewisse Reserviertheit gegenüber der modernen Demokratie und einer Neigung zur Monarchie interpretieren dürfen.

In Raspails „Sire" gibt es ebenfalls kaum versteckte Kritik an den nachkonziliaren kirchlichen Verhältnissen und Sympathie für die traditionelle Form des Katholizismus.

5.3   Der französische Staatspräsident als Erbe von Krone und Revolution

Schmid verweist im Vorwort zum „Sire" auch auf die Tatsache, dass der französische Staatspräsident bei der Parade am Nationalfeiertag gerade dort seinen Platz hat, an dem Ludwig XVI. 1793 enthauptet worden war. [62]

Das Verhältnis des französischen Staatspräsidenten zur republikanischen wie auch zur monarchischen Vergangenheit ist dabei durchaus ambivalent. So setzten die französischen Staatspräsidenten etwa – trotz der Trennung von Kirche und Staat! – neu ernannten Kardinälen noch im 20. Jahrhundert das Kardinalsbirett auf (Präsident Auriol etwa am 15. Januar 1953 bei Angelo Roncalli, dem späteren Papst Johannes XXIII. und damaligen Nuntius in Frankreich[63] oder Charles de Gaulle bei Roncallis Nachfolger in

---

[62] Raspail, Sire, S. 10.
[63] http://www.johannesxxiii.net/pda/john_pda_003.htm, aufgerufen am 19.12.2011.

Paris, Paolo Marella 1959[64]) und den traditionellen Sitz im Kapitel der römischen Kathedrale San Giovanni in Laterano nehmen die neugewählten Präsidenten nach wie vor im feierlichen Rahmen in Besitz, so zuletzt Nicolas Sarkozy am 20.12.2007.[65]

6. Bleibende politische Bedeutung von Saint-Denis

Saint-Denis ist mehr als irgendeine Abtei in Frankreich. Die Äbte von Saint-Denis verstanden es, ihre Abteikirche als Pilgerziel über die Jahrhunderte attraktiv zu halten. War es ab dem 3. Jahrhundert das Grab des Hl. Dionysius, das die Pilger anzog, so gesellten Saint-Denis Äbte diesem später das herausragende Grab des Merowingers Dagobert I. bei und hatten nach dem Tod Ludwigs IX. großes Interesse an dessen Heiligsprechung, wurde doch mit dieser ihre Abteikirche erneut Grabeskirche eines Heiligen.

Dazu wuchs natürlich die Bedeutung der Abteikirche mit jeder neuerlichen Königsbestattung. Von ihren Anfängen als Begräbnisort des Pariser Stadtpatrons Dionysius über die Zeit als Grabstätte der merowingischen und französischen Könige bis zu Zerstörung und Restauration ist Saint-

---

[64] Bernard Berthod. Dictionnaire des Arts Liturgiques, Paris 1996, S. 107.
[65] http://storico.radiovaticana.org/ted/storico/2007-12/175084_vatikanfrankreich_sarkozy_beim_papst.html, abgerufen am 19.12.2011.

Denis also Symbolort des französischen Königtums. Das gilt auch heute, nicht nur in Kreisen der französischen Royalisten.

Damit ist Saint-Denis eigentlich nichts Singuläres in Europa, wie ein Blick auf die Begräbnisstätten von z. B. den Habsburgern in der Kapuzinergruft in Wien, der Wittelsbacher in St. Michael in München oder der verschiedenen Grüfte der Hohenzollern zeigt. Dennoch ist die lange, über ein Jahrtausend während ununterbrochene Grablege in Saint-Denis etwas Bemerkenswertes und ihre politische Symbolkraft bis heute ungebrochen, wie sich in der französischen Revolution und der ihr folgenden Restauration gezeigt hat.

Auch gibt es für die systematische Zerstörung der Grabmäler und Schändung der königlichen Leichname keine Vergleiche. In Österreich waren Enteignung und Vertreibung der Habsburger durchaus hart und rigoros und die Habsburger-Gesetze gelten bis heute, aber an die Kapuzinergruft wurde nie gerührt. Auch die Königsgrablegen der Wittelsbacher oder Hohenzollern blieben – abgesehen von Kriegsschäden in Berlin – unberührt. Selbst in der russischen Revolution wurde zwar die Zarenfamilie analog zu Ludwig XVI. ermordet, aber die Zarengrablege in St. Petersburg wurde lediglich Museum.

Die Kapuzinergruft in Wien hat gelegentlich eine ähnlich polarisierende politische Bedeutung, obschon diese Gruft nur über einen wesentlich kürzeren Zeitraum kaiserliche Begräbnisstätte gewesen ist. Die politische Bedeutung zeigte sich etwa an der zunächst umstrittenen Beteiligung des österreichischen Bundesheeres bei der Beerdigung Otto von Habsburgs 2011 oder dem Absingen der alten österreichischen Kaiserhymne bei dessen Beerdigung – in Anwesenheit des amtierenden österreichischen Bundespräsidenten und Bundeskanzlers.

Andere Königsgrablegen sind dagegen heute eher unbekanntere Museen als politische Orte. Saint-Denis ragt somit über die Grablegen anderer Königshäuser in ihrer symbolischen und politischen Bedeutung deutlich hinaus. Eine im frühen Mittelalter gelegte Tradition hat sich in Saint-Denis bis in die frühe Neuzeit gehalten und vermag auch in der Gegenwart noch Symbolort für die französische Monarchie zu sein.

7. Saint-Denis als Exkursionsziel

Die Abteikirche von Saint-Denis zu besuchen, gehört wohl zu jeder ausführlicheren Fahrt nach Paris. Viele werden sie als einen Ort besuchen, an dem die Gotik ihren Anfang nahm. Didaktische Hinweise für diesen Ort hängen – wie bei jedem musealen Ort – von den individuellen Gegebenheiten der Gruppe, mit der man Saint-Denis besucht, ab (Gruppengröße, Alter der Teilnehmer, Hintergrund der Fahrt etc.). Als allgemeine Hinweise und Möglichkeiten der Erschließung könnte folgendes gelten:

- Mit Saint-Denis besucht man eine katholische Kirche, früher eine Abtei, heute die Kathedrale des noch jungen Bistums Saint-Denis. Das Wissen um die Eigenarten einer Klosterkirche oder Kathedralkirche sind nicht vorauszusetzen. Um den Raum zu verstehen, wird es von Nöten sein, das Wesen der katholischen Liturgie, wie sie zur Erbauungszeit gefeiert wurde, zu vermitteln. Die gegenwärtige Liturgie der katholischen Kirche hilft nur bedingt weiter, da diese seit der Liturgiereform 1970 eine andere Form und Ausrichtung besitzt.

- Um Saint-Denis als Ursprungsort der Gotik kennenzulernen, ist eine eingehendere Beschäftigung mit einer romanischen Kathedrale hilfreich. Somit können die Neuerungen des Stils sichtbar gemacht und ihr theologisches Programm zum Sprechen gebracht werden.

- Auch in den Bereich der Architektur gehören die Besonderheiten von Saint-Denis: Die Krypta als heutiger Bestattungsort der Könige, das breite Querschiff als Ort für die Grabmale der Könige sowie diese selbst als augenfällige Besonderheit von Saint-Denis, wie sie in anderen Kirchen nicht zu finden sind.

- Um Saint-Denis als Begräbnisort zu verstehen, wird es sehr hilfreich sein, einen Text zum Begräbnisritual der französischen Könige entweder vorzubereiten oder an Ort und Stelle zu lesen, um die Bedingtheit von Raum und Ritual zu verstehen.

- Die Ereignisse der französischen Revolution mit der Zerstörung der Abtei und Plünderung der Gräber lassen sich mit Texten über diese „Zeit der Barbarei" erschließen. Damit würde die Bedeutung der Kirche für die Monarchie und die Revolution deutlich.

- Das Selbstverständnis Ludwigs XVIII. und seiner Zeit der Restauration kann z.B. aus den Texten Chateaubriands als eines seiner Weggefährten erschlossen werden, um begreiflich zu machen, warum es in der Restauration ein Anliegen war, die Kirche von Saint-Denis wieder herzustellen, die Königsgräber zu restaurieren und Ludwig XVI. hierher zu überführen.

Eine zusammenfassende Möglichkeit, auf den Besuch von Saint-Denis vorzubereiten, könnte die Lektüre des Buches „Sire" von Jean Raspail sein, da hier in romanhafter Weise auf Besonderheiten von Saint-Denis eingegangen wird und das sakrale Verständnis des französischen Königtums vermittelt werden kann.

8. Literatur

- Becher, Matthias: Chlodwig I. Der Aufstieg der Merowinger und das Ende der antiken Welt. München 2011.

- Blunk, Julian: Das Taktieren mit den Toten. Die französischen Königsgrabmäler in der Frühen Neuzeit. Köln 2011.

- Chateaubriand, Francois Rene de: Geist des Christentums oder Schönheiten der christlichen Religion. Hg. von Jörg Schenuit. Berlin 2004.

- Droste-Hennings, Julia und Droste, Thorsten: Paris. Eine Stadt und ihr Mythos. Du Mont Kunst Reiseführer. Ostfildern 2010.

- Ewig, Eugen: Die Merowinger und das Frankenreich. 5. Auflage, Stuttgart 2006.

- Fleckenstein, Josef: Saint-Denis, in: LThK, Bd. 9, Freiburg 1964, Sp. 139 f.

- Gersmann, Gudrun: Saint-Denis und der Totenkult der Restauration. Von der Rückeroberung eines königlichen Erinnerungsortes. In: Eva Dewes, Sandra Duhem (Hg.): Kulturelles Gedächtnis und interkulturelle Rezeption im europäischen Kontext. Berlin 2008, S. 139-158.

- Hesse, Michael: Revolutionsopfer als Glaubensmärtyrer, in: Frankreich 1815 - 1830: Trauma oder Utopie? Die Gesellschaft der Restauration und das Erbe der Revolution (Hg. Gudrun Gersmann u. Hubertus Kohle). Stuttgart 1993, S. 197-216.

- Hofmann, Karl: Ludwig IX., in: LThK, Bd. 6, Freiburg 1961, Sp. 1190.

- Kötting, Bernhard: Dionysius von Paris, in: LThK, Bd. 3, Freiburg, 1959, Sp. 408.

- Lefebvre, Marcel: Sie haben Ihn entthront. Vom Liberalismus zur Apostasie. Die Tragödie des Konzils. Stuttgart 1988.

- Leistenschneider, Eva: Die französische Königsgrablege Saint-Denis. Strategien monarchischer Repräsentation 1223-1461. Weimar 2008.

- Malettke, Klaus: Die Bourbonen. Bd. II: Von Ludwig XV. bis Ludwig XVI. Stuttgart 2008.

- Malettke, Klaus: Die Bourbonen. Bd. III: Von Ludwig XVIII. bis zu Louis Philippe. Stuttgart 2009.

- Müller-Wille, Michael Zwei religiöse Welten: Bestattungen der fränkischen Könige Childerich und Chlodwig. Stuttgart 1998.

- Nolte, Ernst: Der Faschismus in seiner Epoche. 6. Auflage, München 2000.

- Raspail, Jean: Sire. Bonn 2005.

- Schmid, Josef Johannes: Sacrum monarchiae speculum. Der Sacre Ludwigs XV. 1722. Monarchische Tradition, Zeremoniell, Liturgie. Münster 2007.

- Voragine, Jacobus de: Legenda Aurea. Heiligenlegenden. Ausgewählt und aus dem Lateinischen übersetzt von Jacque Laager. Zürich 1994.